Weisheiten großer Frauen

arsEdition

Inhaltsverzeichnis

Starke und kluge Frauen gab es in allen Jahrhunderten. Ihre inspirierenden Weisheiten, Aussprüche und Gedanken finden sich in diesem Band versammelt. Hier kommen Frauen aus verschiedenen Zeiten und Lebensumständen, von ganz unterschiedlicher Herkunft und Bildung zu Wort. Mal klug, mal ironisch, mal spöttisch, aber auch kämpferisch oder enttäuscht äußern sie sich über die Welt, die sie umgibt, und machen sich ihre eigenen Gedanken zu den Problemen, die ihnen begegnen. So unterschiedlich all diese Frauen auch sind, gemeinsam ist ihnen ihre Stärke, ihre Lebenslust und ihr Selbstvertrauen. Ihre treffenden Weisheiten überzeugen noch heute durch ihre Zeitlosigkeit und sind nach wie vor topaktuell.

Weisheiten der Freude

Freude

Die Freude ist
ein Schmetterling,
der dicht über
den Boden flattert.

Edith Södergran

Wieso gönnen wir
uns den Genuss
nicht sofort?
Wie oft wird die
Freude durch
Vorbereitungen
verdorben,
durch törichte
Vorbereitungen!

Jane Austen

Ein wenig Übermut
im Frühling ist
selbst dem König
bekömmlich.

Emily Dickinson

Wie viele Freuden
werden zertreten,
weil die Menschen
meist nur in die
Höhe gucken und,
was zu ihren Füßen
liegt, nicht achten.

Katharina Elisabeth Goethe

Wenn wir eine Freude
ganz ungetrübt
genießen wollen,
muss sie einem
Menschen
zuteil werden,
den wir lieben.

Marie von Ebner-Eschenbach

Wer ganz genießt,
der lebt wirklich.

Karoline von Günderrode

Entdecke die
Schönheit in
deinem Leben.
Ein Engel hat
sie dir geschenkt.

Mathilde von der Au

Lachen erleichtert
dein Herz, lässt
du es zu, strahlst
du wunderbare
Freude aus.

Rita Tomasetti

Jeder Tag ist ein
Geschenk des
Himmels und birgt
unendlich viel
verborgene
Schönheit in sich.

Marja Markow

In jede hohe Freude
mischt sich eine
Empfindung der
Dankbarkeit.

Marie von Ebner-Eschenbach

Es ist der Engel
der Fröhlichkeit,
der uns glückliche
Stunden erleben
lässt und uns zeigt,
wie unbeschwert
das Leben sein kann.

Klara Löwenstein

Nichts verzeih ich
mir weniger, als
nicht froh zu sein –
auch kann der
Augenblick niemals
kommen, wo ich
nicht eine Freude,
die sich mir
darbietet, herzlich
genießen sollte.

Caroline Schlegel-Schelling

An einem schönen
Tage im Schatten
zu sitzen und ins
Grüne zu blicken
ist die beste aller
Erquickungen.

Jane Austen

Ich freue mich des
Lebens, suche keine
Dornen, hasch die
kleinen Freuden.

Katharina Elisabeth Goethe

Die Freude der Seele
zeigt ihre Stärke.

Anne de Lenclos

Die Freude steckt
nicht in den
Dingen, sondern
im Innersten
unserer Seele.

Therese von Lisieux

Späte Freuden
sind die schönsten;
sie stehen zwischen
entschwundener
Sehnsucht
und kommendem
Frieden.

Marie von Ebner-Eschenbach

Die Freude ist
ein Balsam, der oft
schneller und
wirksamer heilt
als die erprobteste
Arznei.

Caroline de La Motte-Fouqué

Nur der Frohe
fühlt den Schmerz,
nur der Gesunde
die Krankheit,
nur der Mutige
kann verzagen.

Sophie Mereau

Man muss beginnen,
sich zur
Überzeugung
zu machen, dass
wir auf dieser Welt
sind, um uns
angenehme
Empfindungen und
Gefühle zu bereiten.

Emilie du Châtelet

Nichts ist kläglicher
als Humor in
zu engen Schuhen.

Annette von Droste-Hülshoff

Gott hat mir
Herzensfreudigkeit
gegeben, um alles
rings mit Fülle
zu beleben.

Carmen Sylva

Begeisterung spricht
nicht immer
für den, der sie
erweckt, und
immer für den,
der sie empfindet.

Marie von Ebner-Eschenbach

Weisheiten der Gelassenheit

Gelassenheit

Die Gelassenheit
ist eine anmutige
Form des
Selbstbewusstseins.

Marie von Ebner-Eschenbach

Ruhe, verbunden
mit der Lust, das
heißt dem Genuss,
das ist Glück.

George Sand

Dass uns eine
Sache fehlt, sollte
uns nicht davon
abhalten, alles
andere zu genießen.

Jane Austen

Im Grunde
ist jedes Unglück
nur so schwer,
als man es nimmt.

Marie von Ebner-Eschenbach

Das Leben ist zu kurz,
um Animositäten
zu pflegen und sich
auf das Schlechte
zu konzentrieren.

Charlotte Brontë

Was machen Sie?
Nichts.
Ich lasse das Leben
auf mich regnen.

Rahel Varnhagen

Worte, von
Glücklichen gesagt,
dürftige Melodien,
doch Worte, von
Schweigenden
gefühlt, sind schön.

Emily Dickinson

Der Mensch muss
sich aber hüten,
durch zu viel Arbeit
seinen Leib zu töten.

Hildegard von Bingen

Kein seligerer Traum,
kein beglückenderes
Ereignis als Ruhe,
stille Ruhe im Dasein.

Bettina von Arnim

Der beste Weg,
um zu einer großen
Vollkommenheit
zu gelangen,
ist fast immer der,
sich in kleinen
Dingen alle Mühe
zu geben.

Maria Ward

Nimm dir Zeit
zu lachen –
das ist die Musik
der Seele.

Klara Löwenstein

Ich kann auf Erden
nichts finden,
was mich erfreut,
außer meinen Herrn.

Gertrud von Helfta

Freude ist ein
Zeichen, dass man
dem Licht nahe ist.

Edith Stein

Jeder Tag ist
ein neuer Anfang.

George Eliot

Wir hätten alle
mindestens eine
Stunde Einsamkeit
am Tag nötig, um
aufzufüllen und
Atem zu schöpfen.

Maria Schell

Ein merkwürdig
schönes Ding,
das Leben!
Was für ein
Reichtum in mir
und um mich.

Ilse Frapan

Wenn man das
Dasein als eine
Aufgabe betrachtet,
dann vermag
man es immer
zu ertragen.

Marie von Ebner-Eschenbach

Nicht immer, wenn
du die Engel rufst,
werden sie kommen
und dir helfen.
Aber sie werden
immer kommen,
wenn du sie
wirklich brauchst.

Klara Löwenstein

Wenn Musik mein
Herz erfüllt, scheint
sich das Leben
mühelos und
ohne Probleme
zu gestalten.

George Eliot

Lebe traurige
Momente bewusst,
so schöpfst du
Energie, um sie
zu überwinden.

Klara Löwenstein

Träume dir dein
Leben schön
und mache aus
diesen Träumen
eine Realität.

Marie Curie

Sich glücklich
fühlen können,
auch ohne Glück,
das ist das Glück.

Marie von Ebner-Eschenbach

Meine Wünsche
streifen an das
Unmögliche:
So habe ich ihrem
Flug und Zug
nachsehen lernen
wie dem der Vögel
in der blauen Luft.

Adele Schopenhauer

Im festen Glauben,
immer einen
treuen unsichtbaren
Begleiter an
deiner Seite
zu haben, wirst du
deine Hoffnung
nie verlieren.

Mathilde von der Au

Es geschieht zu
jeder Zeit
etwas Unerwartetes;
unter anderem
ist auch deshalb
das Leben
so interessant.

Marie von Ebner-Eschenbach

Weisheiten der Freundschaft

Freundschaft

Die einzige Rose
ohne Dornen
ist die Freundschaft
in dieser Welt.

Christine von Schweden

Das schönste Freundschaftsverhältnis: wenn jeder von beiden es sich zur Ehre rechnet, der Freund des anderen zu sein.

Marie von Ebner-Eschenbach

Freundschaft
ist sicherlich
der beste Balsam
für die Wunden
einer enttäuschten
Liebe.

Jane Austen

Der eigentliche Kern
der Freundschaft:
ein Glaube,
ein Hoffen,
ein gemeinsames
Werk!
Es liegt eine große
Freude dabei.

Annette von Droste-Hülshoff

Ich war schon
immer der Ansicht,
dass das größte
Privileg, die größte
Hilfe und der
größte Trost in
einer Freundschaft
darin besteht,
dass man nichts
erklären muss.

Katherine Mansfield

Ein wahrer Freund
trägt mehr
zu unserem Glück
bei als tausend
Feinde zu
unserem Unglück.

Marie von Ebner-Eschenbach

Es ist ganz gewiss,
dass man viele
Freunde hat,
wenn man keines
Menschen bedarf.

Teresa von Avila

Meine Freunde sind
mein Vermögen.

Emily Dickinson

Freundschaft
ist viel
komplizierter
als Liebe.

Hester Lynch Piozzi

Dauernde
Freundschaft
kann nur zwischen
Menschen von
gleichem Wert
bestehen.

Marie von Ebner-Eschenbach

Freundschaft ist
so etwas wie Liebe
mit Verstand.

Sabine Sauer

Es sind die Freunde,
die man um vier Uhr
morgens anrufen
kann, welche von
Bedeutung sind.

Marlene Dietrich

Auf den Wegen
der Freundschaft
soll man kein Gras
wachsen lassen.

Marie-Thérèse Rodet-Geoffrin

Freundschaft ist
die Schwester
der Liebe, gezeugt
durch einen
anderen Vater.

Sophie Madeleine Arnould

Ich liebe meine
irdischen Freunde
als Gefährten
der Ewigkeit.

Mechthild von Magdeburg

Freunde sind
Menschen,
die voneinander
überzeugt sind.

Rahel Varnhagen

Freundschaft, die
nur auf Dankbarkeit
beruht, ist wie
eine Fotografie:
Sie wird mit der
Zeit immer blasser
und blasser.

Carmen Sylva

Etwas sollen wir
unseren sogenannten
guten Freunden
immer abzulernen
suchen – ihre
Scharfsinnigkeit
für unsere Fehler.

Marie von Ebner-Eschenbach

In Wirklichkeit
ist die Freundschaft
genauso heilig und
so ewig wie die Ehe.

Katherine Mansfield

Ich will geliebt sein
oder ich will
begriffen sein.
Das ist eins.

Bettina von Arnim

Ich spreche jetzt
nicht durch das
Medium der Bräuche
und Konventionen
zu dir … es ist
mein Geist, der sich
an deinen Geist
wendet … von Gleich
zu Gleich – wie
es uns entspricht.

Charlotte Brontë

Wirklich gute Freunde
sind Menschen,
die uns ganz genau
kennen und
trotzdem zu uns
halten.

Marie von Ebner-Eschenbach

Echte Freundschaft
ist herzlich und
doch zurückhaltend.
Sie kapselt nicht ab,
sondern lässt die
Freiheit in der Wahl
der Freunde.

Mutter Teresa

Wollen wir für eine
Freundschaft ein
festes Fundament
errichten, dann
müssen wir unsere
Freunde eher um
ihretwillen lieben
als um unsretwillen.

Charlotte Brontë

Beim Wiedersehen
nach einer
Trennung fragen
die Bekannten nach
dem, was mit uns,
die Freunde nach
dem, was in uns
vorgegangen ist.

Marie von Ebner-Eschenbach

Überlege einmal,
bevor du gibst,
zweimal, bevor du
annimmst, und
tausendmal, bevor
du verlangst!

Marie von Ebner-Eschenbach

Du wirst sehen,
dass auf die
Prüfung die Freude
folgt.

Therese von Lisieux

Weisheiten der Liebe

Liebe

Diejenigen, die in
der Liebe flatterhaft
sind und sich aufs
Betrügen verlegen,
die werden selbst
betrogen und
hintergangen.

Marie de France

Aber die Liebe ist wie
ein Licht, und nur
in seinen Strahlen
kann ich die Dinge
klar sehen.

Katherine Mansfield

Das Fliegen ist
aufregender als
die Liebe zu einem
Mann und viel
gefahrloser.

Thea Rasche

Unser Leben heißt
Liebe, und nicht
mehr lieben heißt
nicht mehr leben.

George Sand

Einem Herzen voll
Liebe ist nicht mehr
zu helfen.

Bettina von Arnim

Wo man am meisten
fühlt, weiß man
am wenigsten
zu sagen.

Annette von Droste-Hülshoff

Liebe erweckt
wieder Liebe.

Teresa von Avila

Aber was bedeutet
lieben?
Es bedeutet
wählen – um lieben
zu können, muss
man frei sein.

Flora Tristan

Die Liebe ist
eine Leidenschaft,
die sich nichts
anderem beugt,
der sich hingegen
alles andere
unterwirft.

Madeleine de Scudéry

Welch eine schwere
Kunst ist die Liebe!
Wer kann
sie verstehen?
Und wer muss ihr
nicht folgen?

Suzette Gontard

Ich halte es für unmöglich, dass die Liebe sich damit begnügt, auf der Stelle zu treten.

Teresa von Avila

Jedes Geschöpf
ist mit einem
anderen verbunden
und jedes Wesen
wird durch ein
anderes gehalten.

Hildegard von Bingen

Solange du nicht
geliebt hast,
kannst du nicht
du selbst sein.

Emily Dickinson

Und die Liebe ist
wie die Luft,
die wir trinken.

Bettina von Arnim

Die Liebe überwindet
den Tod – aber
es kommt vor, dass
eine kleine üble
Angewohnheit die
Liebe überwindet.

Marie von Ebner-Eschenbach

Ich habe es nie
bereut, mich für die
Liebe entschieden
zu haben.

Therese von Lisieux

Man muss wählen
zwischen Herz und
Vernunft.
Ich gehorche
dem Herzen.

Eleonora Duse

Gott gab seiner
Schöpfung
nur einen einzigen
Pfeiler: die Liebe.

Elisabeth von Rumänien

Ein liebendes Herz
ist ein frohes Herz.

Mutter Teresa

Alter schützt
vor Liebe nicht,
aber Liebe schützt
bis zu einem
gewissen Grad
vor Alter.

Jeanne Moreau

Es ist meine
Erfahrung, dass
die Ehe nicht
glücklicher macht.
Sie nimmt die
Illusion, die vorher
das ganze Wesen
trug, dass es eine
Schwesterseele gäbe.

Paula Modersohn-Becker

Der Mann,
der mich heiratet,
muss auch meine
Kunst heiraten,
ehren und lieben –
nicht tolerieren!

George Eliot

Die Ehe muss für
die Frau wie für
den Mann Luxus,
nicht Notwendigkeit
sein. Ein Ereignis
in ihrem Leben,
nicht ihr
ganzes Leben.

Susan B. Anthony

Die Ehe ist
nur vor der Heirat
angenehm.

George Sand

Liebe ist die
Geschichte des
Lebens einer Frau;
die Episode
im Leben eines
Mannes.

Germaine de Staël

Die Liebe ist ein
großartiges
Schönheitselixier.

Louisa May Alcott

Glück in der Ehe ist eine Sache des Zufalls.

Jane Austen

Ich habe kein
Verlangen nach
einem zweiten
Ehemann. Einer
hat mir gereicht.
Ich mache gerne,
was ich will.
Ich gehe als Frau
und Geliebte zu Bett
und stehe als
mein eigener Herr
wieder auf.

Susanna Moodie

Lieber eine
alleinstehende
Bettlerin als
eine verheiratete
Königin.

Elisabeth I.

Die Ehe ist
des Vertrauens und
der Liebe Grab.

Olympe de Gouges

Es muss schon
ein sehr guter
Ehemann sein,
dass er besser
ist als gar keiner.

Isotta Nogarola

Ich finde viele
Sachen sehr viel
spannender als das
fahle Vergnügen
einer Ehe.

Christina von Schweden

Die Liebe steht über
dem Gesetz, über
den Überzeugungen
des Menschen.
Sie ist die Wahrheit,
die Flamme,
das reine Element,
die Uridee der
moralischen Welt.

Germaine de Staël

Die Liebe ist ein
goldener Pfeil,
was der Mensch
mit ihm durch-
bohrt, das macht
er gewissermaßen
zu seiner Beute.

Gertrud von Helfta

Ich habe das
unveräußerliche,
verfassungsmäßige
und naturgegebene
Recht zu lieben,
wen ich will.
So lange oder so
kurz zu lieben,
wie ich kann.
Diese Liebe, wenn
es mir gefällt, jeden
Tag einem anderen
zu schenken.

Victoria Woodhull

Ich habe wenig
Hoffnung für
die Frau, solange
sie nicht erkennt,
dass aus Liebe
zu sterben eher
schändlich als
bemitleidenswert
ist.

Caroline Wells Dall

Ein Kuss ist
ein liebenswerter
Trick der Natur,
ein Gespräch zu
unterbrechen, wenn
Worte überflüssig
werden.

Ingrid Bergmann

Weisheiten über Männer

Männer

Frauen möchten
in der Liebe
Romane erleben.
Männer
Kurzgeschichten.

Daphne du Maurier

Über eine Spur
von Geist in einem
Mann freuen
wir uns ebenso
wie über ein paar
Worte, die ein
Papagei richtig
herausbringt.

Italienische Frauenweisheit

Ach, Männer,
Männer, welch
ein Geschlecht!
Weshalb protestiert
ihr so gegen
alle Bestrebungen,
die Frauen zu
einer höheren
Bildungsstufe zu
erheben? Nun gut,
wenn es nicht mit
euch sein kann,
so wird es ohne
euch und trotz euch
geschehen …

Malvida von Meysenburg

Je besser ich
die Männer kenne,
desto lieber
mag ich Hunde.

Madame de Staël

Frauen machen
sich nur deshalb
so hübsch, weil das
Auge des Mannes
besser entwickelt ist
als sein Verstand.

Doris Day

Männliche Dummheit
bereitet mir
größtes Vergnügen.
Gott sei Dank
ist das eine schier
unerschöpfliche
Quelle der
Unterhaltung.

Mary Wortley Montagu

Das Herz einer Frau
sieht mehr
als die Augen von
zehn Männern.

Norwegisches Sprichwort

Am amüsantesten
ist es, wenn ein
Mann sich etwas
in den Kopf
gesetzt hat, den er
gar nicht hat.

Jane Fonda

Ein Mann kann
höchstens
vollständig sein,
eine Frau aber
ist vollkommen.

Eleonora Duse

Männer verlangen
von den Frauen
immer das Gleiche.
Frauen verlangen
von den Männern
das Besondere.

Sarah Bernhardt

Die Fantasie der
Männer reicht bei
Weitem nicht aus,
um die Realität der
Frauen zu begreifen.

Anna Magnani

Frauen bevorzugen
die einfachen Dinge
im Leben: Männer.

Alice Sommer

Wie nennt man
einen intelligenten,
sensiblen und
gut aussehenden
Mann? –
Ein Gerücht.

Frauenweisheit

Dass die Frauen
das letzte Wort
haben, beruht
hauptsächlich
darauf, dass den
Männern nichts
mehr einfällt.

Hanne Wieder

Um die Prostitution
abzuschaffen,
müsste man die
Männer abschaffen.

Maria Theresia

Wenn irgendetwas
Unerfreuliches
passiert, kommen
die Männer mit
Sicherheit drum
herum.

Jane Austen

Viele Frauen
beneiden ihren
Mann, weil er
so glücklich
verheiratet ist.

Finnisches Sprichwort

Wenn Sie die
Bewunderung vieler
Männer gegen
die Nörgeleien
eines einzigen
eintauschen wollen –
heiraten Sie!

Katharine Hepburn

Männer wollen nicht
die große Freiheit.
Sie wollen viele
kleine Freiheiten.

Spanische Frauenweisheit

Um die Männer zu
unterjochen, muss
man sie betrügen;
eine höfliche Lüge
ist das wenigste,
was man ihnen
in diesem Falle
schuldig ist.

Germaine de Staël

Männer haben nie
Schnupfen, sondern
eine Virusgrippe,
nie Kopfschmerzen,
sondern einen
Gehirntumor.

Frauenweisheit

Männer sind wie
ein Porsche – das
Image stimmt noch,
aber die Technik
ist veraltet.

Katharina Witt

Wenn Männer Babys
kriegen müssten,
hätte jeder
höchstens eins.

Lady Diana

Fängst du einen
Mann – wirf ihn
zurück.

Slogan der
australischen Frauenbewegung

Männer kann man überreden,
Frauen muss man überzeugen.

Barbra Streisand

Der schönste Mann
der Welt taugt
nichts, wenn er
keinen Sinn
für Humor hat.

Madonna

Männer sind wie
ein Teppich; wenn
man etwas vor
ihnen aufrollt,
sehen sie plötzlich
betreten aus.

Inge Meysel

Ich frage mich
manchmal, ob
Männer und Frauen
wirklich zueinander-
passen. Vielleicht
sollten sie einfach
nebeneinander
wohnen und
sich nur ab und
zu besuchen.

Katharine Hepburn

Die Männer sind im Grunde faul. Wenn alle Frauen Jobs hätten, würden die Männer zu Hause bleiben, Bier trinken und sich alle Fernsehprogramme anschauen.

Fürstin Gracia Patricia von Monaco

Wenn ein Mann
Karriere macht,
fragt kein Mensch:
Und was machen
Sie mit Ihren
Kindern?

Senta Berger

Wenn alle Männer,
die infantil
geblieben sind,
auch so behandelt
würden, wäre
die Welt voller
Kinderwagen.

Merle Oberon

Männer und
Schweine haben
immer etwas
zu grunzen.

Nina Hagen

Eine Sache, die
mich die Politik
gelehrt hat, ist, dass
Männer weder ein
vom Verstand
gelenktes noch ein
verständliches
Geschlecht sind.

Margaret Thatcher

Männer sind Bestien,
und selbst Bestien
benehmen sich
nicht so wie sie.

Brigitte Bardot

Männer sind wie
Milch, lässt man
sie stehen,
werden sie sauer.

Madonna

Ohne Frauen geht es nicht. Deshalb sind die Männer auch so wütend. Sie haben erkannt, dass die Zukunft uns gehört.

Joan Collins

Wenn Frauen
unergründlich
erscheinen, dann
liegt das am
fehlenden Tiefgang
der Männer.

Katharine Hepburn

Wenn ein Mann
etwas Blödes tut,
sagen die Leute:
»Ist der nicht
blöd?« Wenn eine
Frau etwas Blödes
tut, sagen die Leute:
»Sind Frauen nicht
blöd?«

Doris Day

Alle Männer sind
gleich, einerlei,
ob es Franzosen,
Italiener, Engländer,
Amerikaner oder
Deutsche sind.
Sie alle wollen eine
Frau unbedingt
erobern.

Gina Lollobrigida

Eine gescheite Frau
hat Millionen
geborener Feinde –
alle dummen
Männer.

Marie von Ebner-Eschenbach

Gott! Wie komisch
sind die Männer!
Ganz ernsthaft
bilden sie sich ein,
der liebe Gott habe
unser Geschlecht
geschaffen, um das
ihre zu bedienen.

Ida Gräfin von Hahn-Hahn

Warum sollten Frauen eher schön als klug sein? Weil Männer besser gucken als denken können!

Frauenweisheit

Ein Mann, der sich
im Gespräch mit
seiner Frau
widerlegt fühlt,
fängt sogleich an,
sie zu überschreien.
Er will und kann
beweisen, dass ihm
immer, auch wenn
er falsch singt,
die erste Stimme
gebührt.

Marie von Ebner-Eschenbach

In der Liebe fühlt
sich der Mann
als Bogen, er ist
aber nur der Pfeil.

Jeanne Moreau

Ein starker Mann
muss eine Frau
nicht beherrschen.

Marilyn Monroe

Die Männer beteuern
immer, sie lieben
die innere
Schönheit der Frau.
Komischerweise
gucken sie immer
woanders hin.

Marlene Dietrich

Jeder Mann,
den ich treffe, will
mich beschützen.
Ich weiß gar nicht
wovor.

Mae West

Wenn Männer keine
schlechten Beispiele
mehr sein können,
fangen sie an,
gute Ratschläge
zu geben.

Mary Wollstonecraft Shelley

Adams sofortige
Zustimmung zum
Vorschlag seiner
Frau zeigt nicht
viel von der
Überlegenheit der
Geistesgröße, die
Männer für sich in
Anspruch nehmen.

Sarah Moore Grimké

Weisheiten über Frauen

Frauen

Ich habe das Gefühl,
die Frau besitzt
noch unerforschte
Seiten, die
nur eine Frau
erforschen kann.

Georgia O'Keeffe

Schaff dir ein Telefon
an, das nur deine
Stimme wiedergibt.
Ruf täglich an
und besprich mit
dir alles Mögliche.

Yoko Ono

Schöne Frauen
sind nur eine
Woche lang gut,
gute Frauen sind
aber ihr Leben
lang schön.

Indische Frauenweisheit

Frauen sind nie
stärker, als wenn
sie sich mit ihrer
Schwäche wappnen.

Marie Anne de Vichy-Chamrond,
Marquise du Deffand

Frauen sind im
Unglück weiser als
Männer, weil sie
Übung darin haben.

Eleonora Duse

Schöne Frauen
haben seit
undenklichen
Zeiten das Vorrecht,
dumm sein
zu dürfen.

Ida Gräfin von Hahn-Hahn

Man fordere nicht
Wahrhaftigkeit
von den Frauen,
solange man sie
in dem Glauben
erzieht, ihr
vornehmster
Lebenszweck
sei – zu gefallen.

Marie von Ebner-Eschenbach

Ich zweifle keinen Augenblick daran, dass Frauen dumm sind. Schließlich hat der Allmächtige sie den Männern zum Ebenbild erschaffen.

George Eliot

Manche Frauen
gleichen jenen
Wesen, die
jeder kosten will,
keiner aber täglich
auf dem Tisch
haben will.

Sophie Madeleine Arnould

Die Frauen wurden lange Zeit Königinnen genannt, aber das Königreich, das man ihnen gab, war es nicht wert, regiert zu werden.

Louisa May Alcott

Die Natur macht
Frauen verschieden
– die Mode macht
sie gleich.

Christine von Schweden

Eine Frau
ohne Mann ist
wie ein Fisch
ohne Fahrrad.

Gloria Steinem

Was Frauen auch machen, sie müssen immer doppelt so gut sein wie ein Mann, um auch nur halb so geschätzt zu werden. Glücklicherweise ist das nicht sonderlich schwierig.

Charlotte Witten

Die Männer sind
auf allen Gebieten
die Führenden, nur
auf dem Weg zum
Himmel überlassen
sie den Frauen
den Vortritt.

Marie von Ebner-Eschenbach

Frauen sind nicht
etwa die besseren
Menschen;
sie hatten bisher
nur nicht so
viel Gelegenheit,
sich die Hände
schmutzig
zu machen.

Alice Schwarzer

Die ideale Frau gibt
es ebenso wenig
wie den idealen
Mann, bloß
ein bisschen öfter.

Vanessa Redgrave

Es ist immer
die Frau, die für
die Harmonie
sorgen muss, um
die Ehe zu retten.
Frauen entscheiden
sich für die Familie –
auch, wenn sie sich
dabei manchmal
gegen sich selbst
entscheiden.

Sophia Loren

Ich liebe die Männer
nicht, weil sie
Männer sind,
sondern weil sie
keine Frauen sind.

Christine von Schweden

Frauen sind viel
vernünftiger
als Männer. Oder
haben Sie schon
mal eine Frau
erlebt, die einem
Mann wegen seiner
Beine nachrennt?

Marlene Dietrich

Die Frau ist der
Nigger der Welt.

Yoko Ono

Eine emanzipierte
Frau: eine, die Sex
vor der Ehe
und danach einen
Beruf hat.

Gloria Steinem

Früher einmal
ward ihr wild.
Lasst nicht zu,
dass sie euch
zähmen!

Isadora Duncan

Wer ist die
strengste Richterin
des Weibes?
Das Weib.

Johanna Loewenherz

Wir Frauen, woher
wir auch immer
kommen, wo auch
immer wir leben,
wir sind keine
Putzfrauen,
mit denen man
sich herausputzt.

Maria Jepsen

Solange die Frau
eine Sklavin ist,
wird sich der Mann
wie ein Tyrann
benehmen.

Elisabeth Cady Stanton

Wir Frauen
sind immer in
der Gefahr,
zu ausschließlich
in unseren Gefühlen
zu leben.

George Eliot

Wir wollen lieber
fliegen als kriechen.

Louise Otto-Peters

Wer denkt an die
Frauen? Niemand!
So müssen sie
selbst an sich
denken – das allein
führt zum besten
Resultat.

Ida Gräfin von Hahn-Hahn

Ihr müsst stolz sein,
wenn ihr weise
sein wollt.

Lady Mary Chudleigh

Wo wäre die Macht
der Frauen, wenn
die Eitelkeit der
Männer nicht wäre?

Marie von Ebner-Eschenbach

O Weib,
du Schwester
der Weisheit, wie
herrlich bist du!
In dir entstand das
überstarke Leben,
das nimmermehr
vom Tod erstickt
wird.

Hildegard von Bingen

Weisheiten der inneren Stärke

Innere Stärke

Nur auf das,
was ich selber tue,
kann ich rechnen.

Rosa Luxemburg

Ich achte nicht
auf die Vernunft …
Die Vernunft
empfiehlt immer
das, was ein
anderer gern
möchte.

Elisabeth Gaskell

Eine Frau kann
das Leben einer
Gefangenen führen.
Eine Frau kann
das Leben einer
Prinzessin führen.
Oder sie kann
ihr eigenes Leben
führen.

Weisheit aus China

Es ist nie zu spät,
so zu sein, wie man
es gerne gewesen
wäre …

George Eliot

Das Leben ist ein
Spiel. Man macht
keine größeren
Gewinne, wenn
man nicht einen
Verlust riskiert.

Christine von Schweden

Lass durch nichts
in der Welt dich
binden als durch
deine höchste
innere Wahrheit.

Emma Herwegh

Jahrelang habe
ich versucht, eine
ungestüme Flut
einzudämmen,
meine Gefühle in
ordentliche Bahnen
zu leiten: das hieß,
mich gegen den
Strom zu stemmen.

Mary Wollstonecraft Shelley

Was wir wahrhaftig
sind, die Summe,
aus der wir keimen,
wurzeln, blühen
und Früchte tragen,
ist gleich da
und immer.

Rahel Varnhagen

Wer wagt, selbst
zu denken,
der wird auch
selbst handeln.

Bettina von Arnim

Merkmal großer
Menschen ist,
dass sie an andere
weit geringere
Anforderungen
stellen als
an sich selbst.

Marie von Ebner-Eschenbach

Menschsein
ist vor allem
die Hauptsache.
Und das heißt:
fest und klar und
heiter zu sein, ja
heiter trotz alledem,
denn das Heulen
ist das Geschäft
der Schwäche.

Rosa Luxemburg

Wenn man mit
Flügeln geboren
wird, sollte man
alles dazu tun,
sie zum Fliegen
zu benutzen.

Florence Nightingale

Denn wer nach
seiner Überzeugung
handelt, und sei sie
noch so mangelhaft,
der kann nie ganz
zugrunde gehen.

Annette von Droste-Hülshoff

Ich bin tough,
ich bin ehrgeizig,
und ich weiß genau,
was ich will. Wenn
mich das zur Hexe
macht, okay.

Madonna

Was man zu verstehen gelernt hat, fürchtet man nicht mehr.

Marie Curie

Ich finde es nicht
der Mühe wert, die
Dinge halb zu tun.

Therese von Lisieux

Unabhängigkeit
ist Glück.

Susan B. Anthony

Meine Selbstständigkeit
war nächst
meiner Liebe mein
größtes Glück.

Fanny Lewald

Wer eine
Ungerechtigkeit
allzu lang erträgt,
hat sie verdient.

Marie Goegg-Pouchoulin

Es mag sein, dass
ich meine Ziele nie
erreichen werde,
aber ich kann sie
schauen, mich an
ihnen erfreuen
und sehen, wohin
sie mich leiten.

Louisa M. Alcott

Warum sollten
wir uns alle nach
derselben Mode
kleiden? Der Frost
malt mir nie
dieselben Eisblumen
zweimal an mein
Fenster.

Lydia Maria Child

Es ist gefährlich,
anderen etwas
vorzumachen;
denn es endet
damit, dass
man sich selbst
etwas vormacht.

Eleonora Duse

Weil wir nur wenige
Züge von dem
unermesslichen
Teppich sehen,
an welchem der
Erdgeist die Zeiten
hindurch webt,
darum lass uns
bescheiden sein.

Karoline von Günderrode

Die Welt ist reizend,
viel zu lieben drin.
Sich damit begnügen
ihr innerster Sinn.

Rahel Varnhagen

Finde dich, sei dir
selber treu, lerne
dich verstehen,
folge deiner Stimme,
nur so kannst
du das Höchste
erreichen.

Bettina von Arnim

Fang immer
gleich heute an.

Mary Wollstonecraft Shelley

Es gibt nur einen
Ausweg, wenn
man einmal
in ein Labyrinth
geraten ist,
das ist der Wille.

Fanny Lewald

Es ist gut, sich aus
den Verhältnissen
herauszulösen,
die einem die Luft
nehmen.

Paula Modersohn-Becker

Ich habe den Kampf
gegen die Falten
aufgegeben,
weil nichts so
viele Falten macht
wie der Kampf
gegen die Falten.

Liv Ullmann

Jeder angenehme
Augenblick hat
Wert für mich –
Glückseligkeit
besteht nur
in Augenblicken.
Ich wurde glücklich,
da ich das lernte.

Caroline Schlegel-Schelling

Des Geistes Stärke
entwickelt sich nur,
wenn er die
Macht angreift.

Germaine de Staël

»So« ist eben das
Leben seit jeher,
alles gehört dazu:
Leid und Trennung
und Sehnsucht.
Man muss es immer
mit allem nehmen
und alles gut
und schön finden.

Rosa Luxemburg

Die Stunde
ist kostbar.
Warte nicht
auf eine spätere,
gelegenere.

Katharina von Siena

Nichts wirkt
seelentröstender,
als gegen das
innere Rechtgefühl
das äußere Recht
in Anspruch
zu nehmen.

Annette von Droste-Hülshoff

Wir werden vom
Schicksal hart
oder weich geklopft;
es kommt auf
das Material an.

Marie von Ebner-Eschenbach

Und ich will
glücklich sein,
mein Herz hat
die Kraft dazu,
die Kraft,
in der Seligkeit
aufzugehen.

Louise Aston

Die Einsamkeit
ist eine starke
Nahrung.

Elisabeth von Österreich

In einigen Fällen war es nicht möglich, für den Abdruck der Rechte die Rechteinhaber zu ermitteln. Honoraransprüche der Autoren, Verlage und ihrer Rechteinhaber bleiben erhalten.

Gestaltung: Eva Schindler, Ebersberg
Printed by Tien Wah Press
ISBN 978-3-7607-2718-9

www.arsedition.de